TUTTI FUN COSI

Libretto Mozartiana

TUTTI FUN COSI

Libretto Mozartiana

Was Mozart wirklich sagen wollte
Eine Persiflage

Hans von Holt

Bibliografische Information der Deutschen Nationalbibliothek:
Die Deutsche Nationalbibliothek verzeichnet diese Publikation in der
deutschen Nationalbibliographie; detaillierte bibliographische Daten sind im
Internet über dnb.dnb.de abrufbar.

1. Auflage, 2022
Herstellung und Verlag: BoD – Books on Demand, Norderstedt
autoren@vonholt.ch
www.vonholt.ch
ISBN 978-3-7562-0338-3

Inhaltsverzeichnis

Die Personen

Abu Hassan Ali Ibn Schekel, weltoffener Geschäftsmann

Leporello, besonnen, schlau

Osmin, bodenständig, einfach

Don Giovanni, aalglatt, halbschlau bis durchtrieben.

Komtur, herrscherisch

Konstanze, sehr weiblich, schutzbedürftig

Antonio, Weichling, Milchgesicht

Donna Anna, bestimmt und durchtrieben.

Elvira, selbstbewußt

Don Ottavio, etwas dumm und naiv

Siegfried, durchgeknallt

0.1 OUVERTURE

Während der Ouverture tritt Abu Hassan vor den Vorhang

Auftritt Abu Hassan Ali Ibn Schekel, sucht...

ABU HASSAN

Wo ist das Kamel!!!

Auf der Seite erscheint Leporello, der sich offenbar angesprochen fühlt

LEPORELLO

Welches «Kamel»? Wen meint Ihr damit...?

Musik Genearalpause

ABU HASSAN

Na, diesen Bellafonte, oder wie der heißt!

LEPORELLO

Meint Ihr: Belmonte?   Start Calypso Rhythmen

ABU HASSAN

Egal! Her mit ihm. Ich bin bestellt!

Schwingt seinen Rasierpinsel.
Lautenbegleitung Banaboot Song (kann auch el. Gitarre sein), aber angepasst an Mozart-Stil, Singt (Bananaboot Song, Streicher pizzicato, Bongo, ev. Backgroung Chorus)

Calypso Vokalisen

Day-o – day-ay-ay-o...
daylight come and me wonna go Home...
come Mister tally man – tally me Banana...
daylight come and me wonna go Home...

Musik Tutti Streicher

LEPORELLO

Tippt sich an die Stirn, zu sich

Oh je! – hat mein Herr einen Sänger bestellt?
Ist doch alles Banane!

Zu Abu Hassan

Und?! Wer seid Ihr?

Intro Arie

ABU HASSAN

Singt Arie   Anklang Barbier von Bagdad

Ich bin Abu Hassan Ali Ibn Schekel, ja – der Schekel
ich frisiere jede Schönheit, jedes Ekel, ja – auch Ekel
für den Sockel jeden Gockel, gockel-di, gockel-da
fürs Bordell auch die Mamsell... oh lali, oh lala
und es kostet höchstens ein paar Schekel – ein paar Schekel...

kichert

Also, wo ist das Kamel von Bellamonte?!

LEPORELLO

Zu sich

Aus welcher Oper ist der denn entlaufen?!
Und der Akzent!

In plattester Gassensprache

Voll Bagdad Baasch .... ohh Mann!

Denkt nach, singt

Ah – Mamsell – Bordell? Gockel-di – Gockel-da
oh lali – oh lala?

Jaaaa – ich habe eine Ahnung ......

Denkt nach – dann geht ihm ein Licht auf

Arie nach
«Zar und Zimmermann»

Ja – ich bin klug und weise ...
und mich betrügt man nicht ...
Ja – ich bin klug und weise ...
und komm der Sache auf die Schlich' ... -
Kommt, Herr Barbier
und folget mir .... -

Geheimnisvoll

Ganz leise ...

Beide gehen ab

MUSIK – SCHLUSSAKKORD – QUARTSEXT

DIREKT ZU AKT 1

1. AKT

1.1 HINTERHOF

Musik Mozartstil, mit hörbarer Imitation von Handwerksgeräuschen durch die Instrumente.
(Collegno, Blechklopfen etc.)

Im Hinterhof ist ein angedeutetes Schloss, als Spielplatz für Kinder aufgebaut, Robinsonspielplatz

Don Giovanni und Leporello

DON GIOVANNI

Baut an der Schlosskulisse, hantiert mit einem Brett und einer Klebespritze, kann beides nicht recht halten....

He, Leporello! Hilf mir mal!

Gibt Leporello die Klebespritze und hält das Brett wie eine Laute,
singt /Arie)

Arie «Don Giovanni»
Originalmelodie

Reich mir die Hand zum Kleben,
und bau jetzt das Schloss mit mi-hir ...
Dann wollen wir einen heben
mit Anna, Elvira und Di-hiir ....

KOMTUR

Geht über den Hof, ist auch Hausmeister

Macht mir da keine Unordnung! Das ist ein anständiges Haus!

Mit dem Drohfinger zu Don Giovanni

Und keine Fisimatenten! Ich kenne meine Pappenheimer!

Geht ab.
Auftritt von Konstanze, die von Osmin verfolgt wird

KONSTANZE

> *ganz außer Atem*

Ach edler Herr, dürfte ich schnell in Ihrem Schoß ...ähh
...ihrem Schloss?

> *Versteckt sich in der Kulisse... Don Giovanni geht mit ihr, techtelt mit Konstanze hinter der Schloßkulisse, wird ab und zu mal sichtbar beim Schäkern und Lachen*

> *Gleichzeitig wird Osmin sichtbar, der sucht Konstanze, aber vergeblich...*

OSMIN

> *Ebenfalls ganz aus der Puste, singt trotzdem*

Oh ... – wie will – ich – triumphieren ...

> *Japst – zu Leporello – Musik bricht ab, da er nicht weiter singt ...*

Haste mal ne Zigarette?

> *Während er raucht, reißt sich Konstanze von Giovanni los, verschwindet nach hinten, ab ...*

So'n Stress!

> *singt*

Immer dasselbe, immer dasselbe
sie recken die Hälse und laufen davon

Wie Figaro nach
«Barbier von Sevilla»

> *hustet, Leporello klopft ihm auf die Schulter*

Immer Osmin, immer Osmin,
ich kann ... – nicht mehr ....

LEPORELLO

Lass´ man. Kommt bald wieder eine. Kenn ich von meinem
Herrn Don Giovanni.

> *Zeigt mit dem Daumen nach hinten auf Don Giovanni, der wieder an seinem Schloss bastelt*

Die wievielte war´s denn?

OSMIN

Wie meinst Du, die wievielte ...?

LEPORELLO

Na ja, bei dem da ...

> *zeigt nochmals mit dem Daumen*

... sinds schon tausend.

OSMIN

Neee!? Nech? So'n Stress!

> *gesungen*

Ich haaaab - genug!

> *Rezitativ*

Soll dieser Selim sein Bordell doch selber machen –
Ich kündige! Und basta!

> *Antonio, der Gärtner, tritt auf, sieht das Gebastel von Don Giovanni und Leporello mit dem sog. Schloss und ist entsetzt.*

> *Geht zu den beiden, aufgebracht*

ANTONIO

Was habt ihr mit meinen Blumen gemacht!

DON GIOVANNI

Was für Blumen denn?

ANTONIO

Da wo Ihr steht
da war ein Beet

schluchzt

DON GIOVANNI

lacht laut

Das also ist des Gärtners Kern?
Der Casus macht mich lachen.

ANTONIO

Und jetzt steh´n da so Sachen,
man sieht Gerümpel allenthalben,
und das Gerümpel scheint auch noch zu kalben ....

schluchzt erbärmlich

DON GIOVANNI

Das Ganze belächelnd, dann laut

Das ist KEIN Gerümpel, das ist mein Schloss, du Banause.

*Packt wieder das Brett als stilisierte Laute
Kavatine*

Will der Herr Gärtner den Tanz mit mir wagen,
will der Herr Gärtner den Tanz mit mir wagen
soll er's nur sagen, ich spiel ihm auf
soll ich im Springen ihm Unterricht geben,
geh ihm ans Leben und hau' ihm eins drauf ...

macht eine schlagende Geste mit dem Brett

So will der Herr Gärtner den Tanz mit mir wagen ...

Antonio flieht, Don Giovanni verfolgt ihn lachend

Will der Herr Gärtner den Tanz mit mir wagen ... ha ha ha ha
...

Macht ihm 'ne lange Nase und äfft ihn nach

Donna Anna tritt mit einem gefüllten Wäschekorb auf.
Don Giovanni sieht sie, schmeichelt anzüglich

DON GIOVANNI

Oh, welch edle Gestalt erblicket mein Auge ...
Wie ich sehe, sind die Hüllen gefallen und fein säuberlich in einem Korb gelandet.

DONNA ANNA

Einen solchen werde ich euch grad geben, **Herr Hans**!!!

DON GIOVANNI

> *Entsetzt*

Psssst! Nicht so laut! Genug der Worte!
Sofern du nicht sogleich und ohne Widerrede mit mir kommst,

> *etwas unsicher*

Wirst du's bereuen ...

DONNA ANNA

> *lacht ihn aus und singt*

Ihr, die Ihr die Triebe des Herzens kennt ....

> *Muss fürchterlich lachen*

Sprecht, ist es Liebe, was hier so brennt ...

> *Zeigt auf Don Giovannis Hose ...*

Ich wills Euch sagen, was mich bewegt ...

> *Macht die Geldgeste Daumen und Zeigefinger*

Euch will ich´s sagen, Euch die Ihr zahlt ...
Euch, dem die Liebe so «teuer» ist ...

Lacht wieder laut, winkt Don Giovanni, mitzukommen,
packt ihn und geht voraus,

Don Giovanni hinterher.

LEPORELLO

Aha. Das wäre dann also Tausendundeins.
Wir haben´s bald beisammen.

Geht ab, Komtur kommt zurück, wütend

KOMTUR

Hab ich's mir doch gedacht! Der Herr Hans! Die Kanaille!
Meiner Anna an die Wäsche gehn! Der kann was erleben.

Singt, dramatisch

Jetzt naht dein Strafgericht!
Und ein Essen schuldest du mir auch noch ...!

Musik

LICHT AUS / ZWISCHENSPIEL

2. AKT

2.1 STRASSENKNEIPE

Strassenkneipe vor dem Hinterhof, Don Giovanni trinkt genüsslich sein Bier nach dem Stell-Dich-Ein mit Donna Anna...
Leporello sitzt etwas abseits –

MUSIK INTRO – Trinklied

Don Giovanni hebt seinen Humpen und prostet Elvira zu

DON GIOVANNI

> *singt*

Ach so lasst uns einen heben
In der Schenke meines Schlosses
ja, so liebe ich das Leben
in dem Rausche des Genosses

> *Elvira verzieht leicht das Gesicht ob des Reimgewürges ...*

ELVIRA

> *ironisch, gesprochen*

Na, denn mal prost....

> *Duett Don Giovanni / Elvira*

DON GIOVANNI

> *singt romantisch dramatisch*

Oh edles Bild an erlauchtem Ort
ich lasse Dich nimmer und nimmer fort ...

Elvira kriegt einen Lachanfall

ELVIRA

Hahaha ... hahaha ....

DON GIOVANNI

Und jetzt, wo die Liebe himmlisch dämmert ...
da fühle ich mich wie ein Lord ...

in die Musik gesprochen

Ach so, das bin ich ja schon lange ...

lacht

ELVIRA

Fällt singend ein

Der Typ ist, glaub ich, wirklich behämmert ...

DON GIOVANNI

geheimnisvoll

Es gibt einen Ort in meinen Gefilden
wo sich die höchsten Genüsse bilden

ELVIRA

winkt ab, ungeduldig

Das ist mir alles zuviel Geschwafel
mir steht der Sinn nach 'ner **leckeren Tafel**!

wieder gesprochen:

DON GIOVANNI

beleidigt

Na gut, dann gib's halt was zu essen ...Koch!

LEPORELLO

Das wird aber auch mal Zeit! Schloss bauen, Schmiere
stehen für Stell-Dich-Ein, Komtur vom Hals halten, und
...ehh, das macht hungrig!

*Antonio tauch aus dem Hinterhof auf
und lamentiert,
singt (Sequenz aus Carl Orff «Die Kluge»)*

ANTONIO

«Die Kluge», Carl Orff

Ach – hätt ich meiner Tochter nur geglaubt ...
ach hätt ich ihr geglaubt, nur geglaubt, nur geglaubt ...

DON GIOVANNI

Lacht ihn aus

Da schau her! Der Herr Gärtner hat eine Tochter?
Ha ha ha ha ah ...

ANTONIO

Ach hätt ich ihr geglaubt, nur geglaubt, nur geglaubt ...

DON GIOVANNI

entnervt

Das sagtest du schon. Haben alle gehört.
Und was hättest du ihr geglaubt haben sollen?

ANTONIO

Ja eben! Die Blumen! Das Blumenbeet!
Alles kaputt! Alles voller Gerümpel!

Singt triefend ...

Wo sind nur die Blumen hin?! Wo sind sie geblie-hi-ben?!

Schluchzt erbärmlich

DON GIOVANNI

energisch, haut auf den Tisch

Mecker hier bloß nicht über mein Schloss! Das ist mir heilig!

ANTONIO

> *Hört gar nicht auf Giovanni*

Und jetzt liegt da ein Toter! Ohne Blumen!

ELVIRA

> *entsetzt*

Das ist ja entsetzlich! Seid Ihr sicher?

ANTONIO

Ganz sicher. Ich hab es genau gesehen. Man hat ihn umgebracht! Ja! **ERMORDET**!

ELVIRA

Ja, wen denn?

ANTONIO

Den Komtur. Jetzt liegt er da, wo einst die Blumen blühten, und ist verwelkt, das Leben ausgehaucht, ganz friedlich, als würde er schlafen.
Einfach **ermordet**!

ELVIRA

Ist das schrecklich! Wer tut denn sowas?!

DON GIOVANNI

> *lacht und singt*

Der Mörder ist immer der Gärtner ...
der schlägt erbarmungslos zu ...

ELVIRA

> *entrüstet*

Das ist geschmacklos ... zynisch ... niederträchtig ...

> *Abu Hassan kommt geknickt aus dem Hinterhof.*
> *Er hat im Komtur seinen Kunden (das Kamel) erkannt,*
> *hält den Rasierpinsel gesenkt ...*

ABU HASSAN

Oh crudele!
Du raubst mir meines Kunden Seele.
Er ist, dahin bevor ihn meine Kunst verschönt ...
Mein Kamel ist mausetot ...

*Er ist verstört, und bevor er weiter reden kann,
läuft Konstanze ihm, immer noch auf der Flucht, in
die Arme*

KONSTANZE

Oh edler Herr, so rettet mich vor diesem Monster, das
mich lange schon verfolgt ...

*Osmin taucht auf und will sie packen, aber Abu Hassan
schützt sie*

ABU HASSAN

Wciche! Wüstling, wciche!
Dieses Weib befindet sich in meinem Schutze!
Wehe! Dass du es mir nicht beschmutze!

*Nimmt Konstanze in den Arm, die sich das gerne
gefallen lässt*

OSMIN

Ganz aus der Puste, muss sich setzen

Beim Bart des Proleten! Erst die ganze Hetzerei.
Und nun soll alles umsonst gewesen sein?!

Schaut sich suchend um

LEPORELLO

Lass´ man. Kommt bald wieder eine. Kenn ich von meinem
Don Giovanni

OSMIN.

Setzt sich zu Leporello an seinen Tisch

Haste mir wenigstens ´ne Zigarette ...?

Leporello steht auf, gibt ihm eine.

Osmin hustet wieder beim ersten Zug, Leporello klopft ihm auf den Rücken.

Don Ottavio, der Polizist, genannt Otto, kommt aus dem Hinterhof.

DON OTTAVIO

geht geradenwegs auf Don Giovanni zu

Don Giovanni!
Ich muss dich verhaften!
Du stehst unter Verdacht, den Komtur ermordet zu haben ...

DON GIOVANNI

Unterbricht ihn, lacht ihn aus

Ja der Otto! Hat ihn die Anna vor die Tür gesetzt?

Lacht gewaltig

DON OTTAVIO

Ich heiße Don Ottavio, du Lackaffe! Ich hab gesehen, wie du mit dem Komtur gestritten hast ...

DON GIOVANNI

Papperlapapp – Hausmeistergequengel ...

Donna Anna tauch aus dem Hinterhof auf mit dem Komtur am Arm, der etwas torkelt, offenbar rauschig ...

Da siehst du, «**Komissar**» Otto, wie lebendig die Toten sein können, wenn der Rausch sich verfliegt ...

lacht wieder

KOMTUR

etwas lallend

Dieser Lepo ...lollo ... mit scheim Snaps ...

Warte nur ...

> *Versucht die Faust zu heben, muss sich aber an*
> *Donna Anna festhalten, die ihn an einen Tisch setzt.*

> *Ein Horn ertönt. Rudimentärer Siegfried Ruf.*
> *Dann taucht Siegfried von der Straße her auf*

SIEGFRIED

> *Sichtlich verrückt, halluzinierend mit wagnerischem*
> *Singsang und nordischem Akzent*

Verblichen ist Brunhild
mit ihr verblich ihr Bild
ich suchte es an jeglichem Ort
ich suchte es hier, ich suchte es dort,
auf einmal war es einfach foooort ...

> *stutz, sieht Abu Hassan, erstaunt*

Oh Alberich, wie seid ihr groß geworden ...

ABU HASSAN

Beim Bart des Proleten! Ihr seid doch sehr ‹boerniert›
...!

OSMIN

Meine Rede! Sag ich doch die ganze Zeit.

> *Raucht und hustet wieder*

> *Siegfried erblickt Elvira,*
> *erkennt in seiner Verwirrung Brunhilde*

SIEGFRIED

Singt wagnerisch, nordischer Akzent

Oh liebste Brunhilde! Hast du den Ring?!

Singt nach der Arie Giovannis

Reich mir die Hand mein Lä-bähn,
und komm auf mein Sloss med mi-hir ...

DON GIOVANNI

Steht auf, entrüstet

He, he! Du Dämmer-Germane! Das ist **mein** Song!

Siegfried will sich auf Elvira stürzen, da zieht Leporello dem Giovanni den Degen aus der Scheide und ersticht Siegfried hinten durch das riesige Blatt, dass noch auf seinem Rücken klebt.

SIEGFRIED

Singt sterbend, wagnerisch dramatisch

Oh sink hernieder, Nacht der Liebe,
gib Vergessen, dass ich lebe,
Nimm mich auf in deinen Schoß,
löse von der Welt mich los ....

DON GIOVANNI

genervt

Es reicht! Auch das ist geklaut!
Alles viel zu triste!
Und dann noch aus der Zukunft!
Schluss jetzt!

Siegfried gehorcht und bricht still zusammen und stirbt.

ANTONIO

Jammert wieder

Und abermals haben wir keine Blumen für die Beerdigung ...

Der Komtur ist inzwischen wieder ernüchtert, ihm geht das Gejammer auf die Nerven. Er erhebt sich gebieterisch, schaut in die Runde, sieht Osmin, blinzelt ihm kurz lächelnd zu, dann wieder energisch ...

KOMTUR

Jawoll! Es reicht! Das Gerümpel auf dem Hinterhof wird entsorgt!
Eine Ordnung will ich haben!

Don Giovanni will protestieren, der Komtur bringt ihn mit gebieterischer Geste zum Schweigen

Und der Antonio kann wieder seine Blumen pflanzen!

Und zu sich

Dann hört das «Schloss-Getechtel-Mechtel» mit meiner Anna endlich auf.

Zu Don Giovanni

Und ein Essen schuldest Du mir auch noch, Kanaille!

OSMIN

Hat die ganze Zeit gebannt auf den Komtur gestarrt und hat sich verliebt – er singt an den Komtur gerichtet

Dein Bildnis ist bezaubernd schön,
Wie noch kein Auge je gesehn ...
Ich fühl es, ich fühl es ...

*Beide gehen aufeinander zu, umarmen sich ...
Während Don Giovanni unterbricht*

DON GIOVANNI

Ne, ne, ne! Schon wieder 'nen Song von mir geklaut ...

DONNA ANNA

Denkste! Der ist nicht von Dir! Das hat 'nen ganz anständiger gesungen, son'n Tamilo oder so! Der hatte noch Charakter.
So!

Packt Don Giovanni am Arm und zieht ihn mit sich Richtung Hinterhof

Und jetzt geht's an die Wäsche, mein Lieber! Gibt noch viel zu waschen! Und wer mich nicht zahlen kann, der muss mir helfen ...!

Lacht

LEPORELLO

Sieht so aus, als wenn wir beim Don Giovanni nicht auf tausendunddrei kommen. Wusste ich doch, dass wir vorher «stecken bleiben».
Kam mir lange schon spanisch vor!

Don Giovanni ergibt sich ...
Donna Anna mit einem Augenzwinkern
zum Publikum

DONNA ANNA

Sonst ist er ja ganz passabel ....

Grinst augenzwinkend ...
zieht Don Giovanni hinter sich her

Beide ab

Leporello nimmt Elvira in den Arm
beide lächeln, Leporello zu Elvira

LEPORELLO

Gott sei Dank. Der Herr ist erst einmal versorgt!
Da haben wir jetzt Zeit für uns - und ich kann dich
ausgiebig trösten ...

> *Singt und lacht dabei*

«Reich mir die Hand mein Leben ...»

ELVIRA

> *lachend*

Aufhören!
Du redest schon ganz wie dein Herr!
Und diese Gassenhauer kann ich schon lange nicht
mehr hören ...!

> *Beide lachen*

MUSIK, AUFTAKT ZUM OKTETT

FINALE

3. FINALE

3.1 OKTETT

Alle vier Paare stellen sich zum Finale auf, Choreographie zur Musik

Musik

Musik und Text können frei positioniert werden

LEPORELLO

Die Zeiten des Schlosses sind nun vorbei
und ich bin von der Dienerschaft endlich frei

ELVIRA

Das ist das höchste der Gefühle ...   Papageno Melodie

emergisch

Schluss ist jetzt mit tausendunddrei!

DON GIOVANNI

So gern ich den Schönen an die Wäsche ging,
so hat mich das Schicksal eingeholt.
Und wie hab ich die Wäsche jetzt schon satt
ich hoffe, bald wendet sich das Blatt.

DONNA ANNA

Irgendwann ist alle Wäsche runter,
dann leben wir frei wie die Vögel und munter.

KOMTUR

Mir bleibt der Hinterhof gestohlen.

OSMIN

Wir springen fort, ganz unverhohlen.

ABU HASSAN

> *Übergang Calypso*   Backing Chor

> Melodie Bananboat song

> Kam's mir vor als sei alles Banane,

KONSTANZE

daylight came and you never go home

ABU HASSAN

lief mir in die Arme die schönste Dame

KONSTANZE

daylight came and you never go home

ALLE

Day-o – Day-ay-ay-o
daylight came and you never go Home

ABU HASSAN

Waiting all night for a beard to Cut

KONSTANZE

daylight came and you never go home

ABU HASSAN

All is banana and down I shut

KONSTANZE

daylight came and you never go home

> *Musikwechsel zu «Jump in the Line»*
> *(shake shake shake Señora)*

> *Geht allmählich in Tanz über*

ABU HASSAN

Shake Shake Shake Konstanze
Shake your Body line-a

KONSTANZE   Handclap Chorus

Shake Shake Shake my Hassan
Shake me all the time-a

ABU HASSAN

Konstanze is My Señora
I tell you Friends I adore her
and when she dances, oh brother!
She's a hurricane in all kinds of weatha

ALLE

We all are dancing togetha
we dance in all kinds of weatha ...

KOMTUR

and Osmin is My señora
and I know how much I adore her

OSMIN   Handclap Chorus

Shake Shake Shake My buddy
Shake your Body line-a

ALLE

Shake Shake Shake all people
Shake it all the time-a

Shake Shake Shake My Buddy
Shake your Body line-a

Shake Shake Shake all people
Shake it all the time-a ....

Tanz aller zur Verbeugung

Calypso bekommt Mozart-Ausklang für Coda

SCHLUSSAKKORD

– APPLAUS

F I N E

Von Hans von Holt erschienen:

Sisyphos

oder das Ende der Ewigkeit

ISBN-13: 9783756214099

Ein Drama -
eine Komödie -
ein Theaterstück.

Sisyphos ist die Geschichte eines Menschen, vielleicht des Menschen schlechthin. Sisyphos hat viele Gesichter. Sisyphos ist ein Archetyp des heutigen Menschen. Sisyphos ist eine Sammlung von Lebensaspekten. Sisyphos ist die Frage nach der Arbeit überhaupt. Sisyphos ist auch die

Frage nach dem Grund für des Menschen Einkommen. Auf der Suche nach einem Sinn wird es immer deutlicher, daß die richtigen Fragen wichtiger sind als die Antworten.

Dieses Theaterstück zeigt die verschiedenen Gesichter des Menschen und der Götter, und ihrer beider Maskeraden, und spielt mit einer Vielzahl ihrer Kuriositäten und Bedingtheiten - bis hin zu...

Nun, was wirklich geschieht, das kann sich erst am Ende zeigen.

Hans von Holt

Sisyphos

oder das Ende der Ewigkeit

Ein Theaterstück

Lysistrata

die Heeresauflöserin

Ein Theaterstück

Lysistrata, die die Frauen von Athen und Sparta mobilisierte,
den Krieg der Männer zu beenden.
Diese Vorlage aus dem antiken Griechenland wird in ihrer Anwendbarkeit
in heutigen Gegebenheiten durchgespielt, in Frage gestellt und einer
neuen Zeit überantwortet, oder die Zeit löst sich auf und die Thematik wird
durchsichtig...
«Erst machen wir Liebe, und was dabei heraus kommt, geht nachher in den
Krieg – die Söhne jedenfalls, rechtzeitig erzogen – und die Töchter jubeln
ihnen zu, den Helden des Blutvergießens.
So nährt die Liebe den Krieg - und der Krieg macht am Ende so müde, daß
wir uns wieder nach der Liebe sehnen.
Und das Ganze beginnt von vorn. Frisches Fleisch, frisches Blut – als
müsste die ganze Erde damit getränkt werden.»

https://www.vonholt.ch/theater/lysistrata-oder-krieg-/